Lizenzausgabe als Ravensburger Taschenbuch Band 8361

Titel der Originalausgabe: Si l'argent vous est conté…

Fachliche Beratung:

Mathias Baier

Dipl. Volkswirt

Übersetzt von Christine Baier

Herausgeber:

Barbara Veit und Christine Wolfrum

90 91 92 93 94 5 4 3 2 1

Printed in Italy by Soc. Editoriale Libraria

ISBN 3-473-38361-2

Woher kommt das Geld?

Text von Catherine de Sairigné
Illustrationen von Bruno Fourure

DIE WELT ENTDECKEN

Hast du schon einmal Brot gekauft?
Dann hast du dem Bäcker sicher Geld gegeben und er dir dafür einen Laib Brot.
Damit ist eigentlich schon klar, wozu wir Münzen und Geldscheine brauchen: Wir machen ein Tauschgeschäft!
Ohne solche Tauschgeschäfte würdest du kaum zu Büchern, Spielzeug, Lebensmitteln oder Kleidung kommen. All diese Dinge kannst du ja schließlich nicht selbst herstellen.

Die Münze, mit der du einkaufen gehst, besteht aus einem Stahlkern und hat außen eine Messing- oder Kupferauflage.
Früher wurden viele Münzen aus Gold oder Silber hergestellt. Noch viel früher aber gab es kein Geld. Es mußte erst erfunden werden.

Wenn du mit deinen Freunden Murmeln gegen Bilder, einen Radiergummi oder Süßigkeiten einhandelst, was machst du dann?

Auch ein Tauschgeschäft!

So ein Tausch von Gegenstand gegen Ware ist die älteste Form des Handels.
Hier unten siehst du einen ägyptischen Bauern abgebildet: Er tauscht auf dem Markt eine Gans gegen ein Tongefäß. Im alten Ägypten gab es noch kein Geld.

Zwei Hähne wandern von Hand zu Hand: Schau, was die Leute dafür eintauschen.

Wenn heute ein Student ein Baby hütet, statt Miete zu zahlen, so ist das auch ein Tauschgeschäft!
Dieses Tauschen legt den Wert der einzelnen Dinge jedoch nicht eindeutig fest. Was kann der ägyptische Bauer dagegen tun, wenn der Töpfer seine Gans ablehnt? Oder wenn er zwei Gänse statt einer will? Auch kann man keine Ersparnisse anlegen. Man mußte sich etwas anderes ausdenken…

Es ist schon ziemlich mühsam, mit schweren Kupferplatten zu zahlen, wie die Phönizier auf diesem Bild.

Die Entstehung des Geldes.

Schon immer gab es Waren, die für alle Menschen wichtig waren und die man gut lagern konnte. Trockenfische z. B. oder Salzblöcke, Kochtöpfe und Vieh …
Das waren die ersten Zahlungsmittel. Mit

Die schönen, leichten Gehäuse der Kaurischnecken wurden in Afrika lange als eine Art Geld verwendet.

Bei den Römern und Galliern diente das Vieh (pecus) als Wertmaßstab. Pecunia heißt lateinisch Geld.

ihnen berechneten die Menschen den Preis der Waren: Ein Schwert kostete zwei Ochsen, ein großer Weinkrug einen Ochsen... Aber natürlich war es einfacher, mit kleinen Metallstücken in der Tasche einzukaufen. Man konnte sie wiegen und teilen.

Die Azteken zahlten mit Kakaobohnen: Für zehn Bohnen bekam man ein Kaninchen.

Reich wie Krösus... Reich wollten Menschen wohl immer schon sein. Der lydische König Krösus war einer der ersten ganz reichen Männer. Einer seiner Vorgänger, Gyges, erfand die Münzen. Er ließ Gold- und Silberklümpchen, die man im Fluß fand, zu flachen Plättchen formen. Auf diese Plättchen wurde dann der Wert aufgeprägt. Nun brauchte man sie nicht einmal mehr zu wiegen.

Ein Goldklümpchen und eine lydische Münze

Das erleichterte natürlich den Handel auch mit fremden Ländern. Perser, Griechen und Römer prägten nun ebenfalls Münzen. Aus den Bildern auf den Geldstücken können wir viel über die Geschichte dieser Länder lernen. Der Obulus war die kleinste griechische Münze. Unser Pfennig bestand früher einmal aus Silber.

Der Fluß Paktolos floß durch Lydien. Dort fanden die Menschen Klümpchen aus einer Gold-Silber-Mischung, das Elektrum.

Kretische Münze

Münze aus Karthago

Münze aus Athen

Wie stellte man früher Münzen her?

Auf dem rechten Bild siehst du, wie im Mittelalter Münzen geschnitten wurden. Dann schlug man sie Stück für Stück auf eine Metallplatte, in die eine Zeichnung eingeritzt war.

Die Münzwechsler von Paris waren alle auf einer Brücke versammelt. Das hatte der König angeordnet!

Im Mittelalter stellten viele Leute Münzen her. Doch sie waren nicht alle gleich wertvoll. **Daraus machten die Geldwechsler ihren Gewinn!** Sie prüften den Klang der Münzen und wogen sie. Einwandfreie Münzen klangen hell und hatten ein festgesetztes Gewicht. Die Wechsler waren auch die ersten Bankiers. Bei ihnen konnte man Geld leihen.

Das Wort Bank kommt aus Italien: banco bedeutet Sitzbank, denn dort wurden die Geschäfte gemacht.

Woraus wurden die Münzen hergestellt?

Vor allem aus Gold und Silber. Dies sind seltene und haltbare Metalle. Ein winziges Stückchen Gold ist bereits sehr wertvoll. Gold aber war selten.

Auf der Suche nach Gold und Reichtum haben Männer wie Christoph Kolumbus fremde Länder gesucht und besetzt. In Peru und in Bolivien raubten spanische Eroberer die Schätze der Inkas und bauten Gold- und Silberminen ab. Mit ihrer Gier nach Gold haben die Menschen immer wieder viel Unheil angerichtet. Kriege wurden geführt, Bewohner anderer Erdteile ermordet und beraubt.

Das Gold der Indianer wurde an Bord der Galeonen nach Europa transportiert.

Galeonen waren große Segelschiffe. Auf ihrem Weg in die Heimat waren diese Schiffe ständig in großer Gefahr: Sie konnten auf die Riffe des Karibischen Meers auflaufen, in Stürmen sinken oder von Seeräubern überfallen werden.

Jede dritte Galeone kehrte nie zurück, und große Reichtümer liegen noch heute auf dem Meeresgrund.

Die Piraten versteckten ihre Beute auf abgelegenen kleinen Inseln. Wurde ein Pirat gefangen, so gab er das Versteck selbst angesichts des Galgens nicht preis.

Seeräuber versenkten die eroberten Schiffe. Die Besatzungen wurden getötet. Auf diesem Bild (links) vergraben sie ihre Beute.

Die Erfindung des Geldes brachte aber auch Betrüger auf viele Ideen:
Geldfälscher stellten Münzen aus wertlosem Metall her. Wer dabei erwischt wurde, mußte mit der Todesstrafe rechnen. Auch heute werden Geldscheine manchmal gefälscht. Deshalb steht auf jedem Geldschein eine Warnung! Schau einmal nach!

Manchmal wurde auch das wertvolle Metall von den Münzen gekratzt. Räuber überfielen Reisende, um Münzen zu erbeuten. So wurde es für die Händler sicherer, ihre Reichtümer bei einem Bankier aufbewahren zu lassen.

Dafür bekam der Händler vom Bankier einen unterschriebenen Zettel: **Er wurde Wechsel genannt.**
Mit diesem Wechsel konnte der Händler seine Waren bezahlen. Auf einer Bank bekam dann sein Geschäftspartner für den Wechsel wieder Geld.

Aus dem Wechsel entstanden später die Banknoten:

Man zahlte Gold- oder Silbermünzen bei der Bank ein und bekam dafür Scheine. Die Bank mußte so viel Gold und Silber besitzen, wie sie an Scheinen, also Banknoten, ausgab. Wer Banknoten besaß, konnte sie jederzeit wieder in Gold eintauschen.

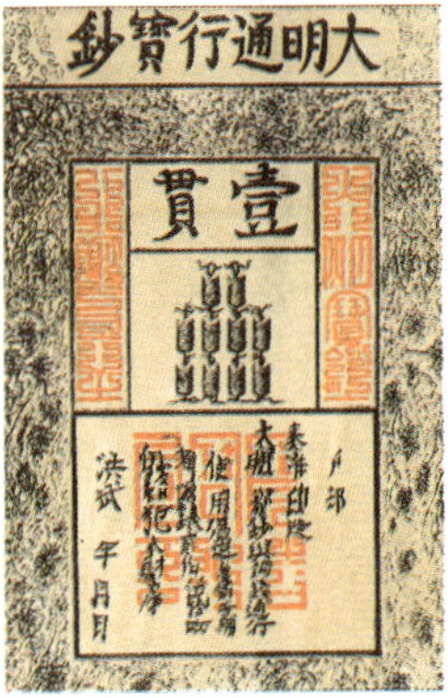

Banknoten wurden im 7. Jahrhundert in China erfunden. Die ersten Scheine trugen das Siegel des Kaisers.

Nicht alle Bankbesitzer waren ehrlich. Manche gaben mehr Banknoten aus, als sich Gold in ihrem Besitz befand! Wenn das entdeckt wurde, so bedeutete es den Bankrott – sowohl für den Bankier als auch für die Menschen, die Banknoten besaßen. Heute werden die Banknoten, also unsere Geldscheine, nur noch von einer Bank ausgegeben. Bei uns von der Deutschen Bundesbank. Sie gehört dem Staat und beliefert alle anderen Banken.

Mit Banknoten konnte man überall zahlen. Sie waren unbegrenzt gültig und wurden von der ganzen Bevölkerung verwendet.

Im 18. Jahrhundert führte der Bankrott des Bankiers Law zu einem Aufruhr. Er bedeutete für viele Franzosen den Ruin.

So mühsam war einst das Prägen von Münzen. Heute gibt es natürlich moderne Prägepressen.

In unserer Zeit sind Münzen nicht mehr so wichtig. Man benutzt sie nur noch für kleinere Einkäufe. Sie werden auch nicht mehr aus Edelmetall hergestellt, sondern aus Kupfer-, Nickel-, Messing- oder Palladiumlegierungen …
Auf den Münzen steht ihr Wert und das Datum, wann sie geprägt wurden. Oft findet man auch einen Kurztext, z. B. den Leitspruch eines Landes.
Wenn du in deinen Geldbeutel siehst, wirst du sicher einige sehr alte Münzen finden!

Münzen haben einen glatten, oft auch geriffelten Rand, um das Abschaben von Metall zu verhindern. Manchmal trägt er auch eine Aufschrift. Die italienische Münze (rechts) besteht aus zwei verschiedenen Metallen.

Der Zeichner entwirft das Bild, der Graveur überträgt es auf eine Platte. Banknoten werden beidseitig bedruckt.

Die Herstellung von Banknoten ist eine heikle Angelegenheit, denn Fälschungen sollen ausgeschlossen sein. Banknoten werden auf Spezialpapier gedruckt: Hältst du sie gegen das Licht, so erscheint eine Zeichnung, das Wasserzeichen. Bei der Herstellung von Banknoten werden zahlreiche Farben verwendet, manchmal sogar unsichtbare Tinten.

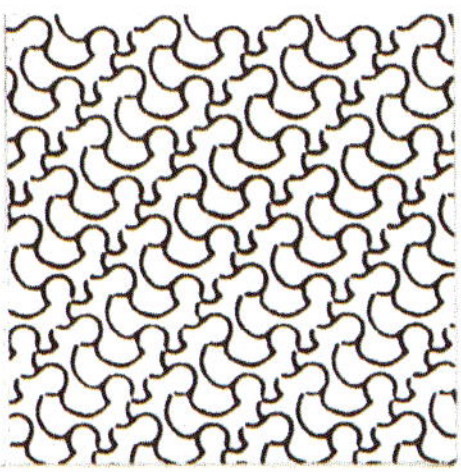

Den Hintergrund der Banknote bildet ein Muster, das heute vom Computer entworfen wird.

Wasserzeichen

Das Herstellungsverfahren ist geheim. Verschmutzte, zerrissene oder bekritzelte Banknoten werden vernichtet und durch neue ersetzt.

Jedes Land hat sein eigenes Geld.

Fährst du in ein anderes Land, mußt du dein Geld umtauschen. Die Banken stellen das Umtauschverhältnis fest: Das ist der Wechselkurs. Die wichtigsten Währungen sind hier abgebildet.

USA: Der Dollar

Japan: Der Yen

Bundesrepublik Deutschland:
Die Deutsche Mark

Italien: Die Lira

Spanicn: Dic Pcscta

Niederlande:

Die kleinste Banknote der Welt kam aus Marokko und war nicht größer als eine Briefmarke.

Schweiz: Der Schweizer Franken

Belgien: Der Belgische Franc

Frankreich: Der Französische Franc

Der Gulden

Großbritannien: Das Pfund Sterling

Heutzutage **zahlen viele Leute ihr Geld bei einer Bank ein.** Warum? Weil es dort in Sicherheit ist, und außerdem ist die Bank recht praktisch.

Zuviel Geld bei sich zu tragen, kann gefährlich werden!

Das eingezahlte Geld kommt auf ein Bankkonto. Wollen deine Eltern Geld, gehen sie zur Bank und heben so viel ab, wie sie gerade brauchen. Von der Bank kann man auch Schecks und eine Scheckkarte erhalten. Statt mit Bargeld zahlen deine Eltern dann mit einem Scheck. Wird dieser Scheck später bei einer Bank eingereicht, dann zahlt die Bank die daraufgeschriebene Geldsumme aus. Dieser Betrag wird vom Konto deiner Eltern abgezogen.

Viele Menschen arbeiten für Geld. Sie verkaufen ihre Arbeitskraft.

Bei einer Bank wird ein Konto eröffnet und Geld eingezahlt.
Rechts: eine französische Scheckkarte.

In den meisten Geschäften kann man mit einem Scheck zahlen.

Der Geschäftsinhaber gibt den Scheck seiner Bank und bekommt Geld dafür.

Große Mengen Geld werden in gepanzerten Wagen transportiert, denn es gibt viele Banküberfälle.

Eine Bank hat jedoch noch ganz andere Aufgaben.
Wenn deine Eltern sich beispielsweise ein Haus oder ein Auto kaufen wollen, aber nicht genug Geld haben, so kann die Bank ihnen Geld leihen: Man nennt das Kredit. Die Bank läßt sich diesen Dienst bezahlen: Deine Eltern müssen mehr zurückzahlen, als sie ausgeliehen haben. Das heißt: Zinsen bezahlen.

Viele Banken besitzen einen Tresorraum, in dem die Kunden Geld und Schmuckstücke sicher verwahren können.

Wozu braucht man Kreditkarten?

Kreditkarten haben ähnliche Aufgaben wie Schecks. Ihre Verwendung ist jedoch sicherer, weil sie einen Geheimcode haben. Die braunen Magnetstreifen auf der Rückseite der Karten speichern Informationen, mit deren Hilfe besondere Geräte den Geheimcode erkennen können. Damit wird das Geld vom richtigen Konto abgebucht.
Bald wird man auf diesen Karten wesentlich mehr Informationen speichern können. Dann kann man sie sogar in Telefonhäuschen verwenden. Vielleicht werden Münzen und Geldscheine so einmal ganz überflüssig…

Auf der Rückseite der Kreditkarten befinden sich dunkle Magnetstreifen.

Besitzer von Kreditkarten können auch Geld an Automaten abheben. Aus Sicherheitsgründen wird jedoch immer nur eine kleine Summe ausgegeben.

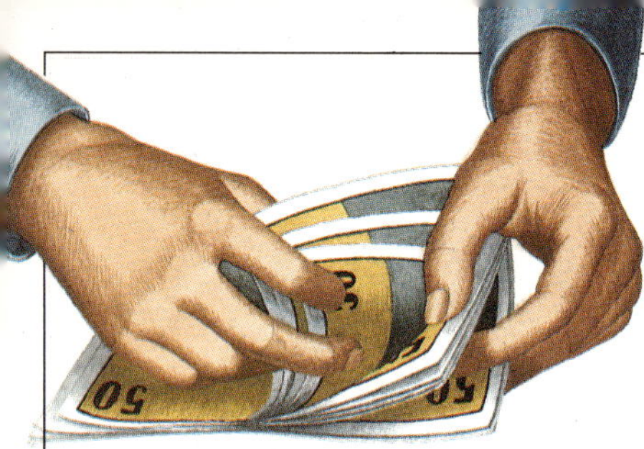

Kleines Lexikon des Geldes: Ausländische Münzen und Scheine nennt man auch Sorten.

Börse: Großer Markt, auf dem Waren wie Kaffee, Zucker, Metalle, aber auch Geld und Aktien gehandelt werden. Aktien sind Scheine, mit denen man Gewinnanteile bei einer Firma besitzt.
Devise: Ausländisches Zahlungsmittel.
Geldbörse: Auch Portemonnaie genannt; das ist ein Säckchen oder eine kleine Tasche, in der Geld aufbewahrt wird.
Heller: So nannte man den Pfennig, der erstmals in Schwäbisch Hall geprägt wurde.
Umtausch: Das Wechseln von zwei Währungen aus verschiedenen Ländern.

Die Börse hat ihren Namen von einer belgischen Patrizierfamilie, den van der Beurse.

Geldbörsen aus früheren Zeiten

Redensarten!

Von einem verschwenderischen Menschen sagt man, daß er sein Geld zum Fenster hinauswirft.

Eine Sache ist ihr Geld wert, wenn man mit dem Kauf zufrieden ist.

Du bist recht naiv, wenn du alles, was man dir erzählt, für bare Münze nimmst.

Von einem sehr reichen Menschen wird gesagt, daß er Geld wie Heu hat.

Wer den Pfennig nicht ehrt, ist des Talers nicht wert: Wer es im Leben zu etwas bringen will, darf auch kleine Beträge nicht verschmähen.

Zeit ist Geld: Sie sollte daher nicht verschwendet werden.

Geld regiert die Welt: Wer reich ist, hat meist auch Macht und Einfluß.

Geld allein macht auch nicht glücklich: Es gibt Wichtigeres im Leben …

Möchtest du dich mit diesen fürchterlichen Piraten auf ein Spiel einlassen?

Hilf ihnen, die Tür ihrer Räuberhöhle zu öffnen. Dazu mußt du das Kennwort wissen: Du kannst es aus den unterstrichenen Buchstaben auf den Felsen zusammensetzen. Dann mußt du noch die Nummer des Schlüssels erraten, mit dem sich die Tür öffnen läßt.

Das Kennwort lautet „Schatz“. Der passende Schlüssel ist der Schlüssel Nr. 7.

Was mögen diese Felsen verbergen? Ein Fabeltier?
Einen armen Gefangenen?
Truhen, die vor Gold überquellen?
Saphire, Rubine?
Oder ganze Diamantenbäche?
2
4
1
3
5
6
7
8

Es beherrscht der Obulus
seit jeher unsern Globulus;
mit andern Worten: Der Planet,
sich primär um das eine dreht:
(Möpse, Mäuse!)

Drum schaffe, schaffe, Häusle baue
Butterbrot statt Schnitzel kaue!
Denn wer nicht den Pfennig ehrt,
der wird nie ein Dagobert!

Von der Schallplatte: „Geld oder Leben“
der Gruppe Erste Allgemeine Verunsicherung

Die Welt entdecken

In dieser Reihe sind unter anderen erschienen:

Band 1: Wie leben die Tiere im Winter?
Band 2: Keine Angst vor Krokodilen
Band 3: Sahara – Leben in der Wüste
Band 4: Eskimos – Leben im ewigen Eis
Band 5: Wo die Schokolade wächst
Band 6: Warum trinken alle Kinder Milch?
Band 7: Kartoffeln wachsen nicht im Keller
Band 8: Die Geschichte vom Papier
Band 10: Leben auf den Sonneninseln
Band 11: Glas – Das durchsichtige Geheimnis
Band 12: Reis – Ein kleines Korn ernährt die Welt
Band 13: Stolze Burgen, edle Ritter
Band 15: Geheimnisvolle Insektenstaaten
Band 16: Wind und Wetter
Band 17: Unser täglich Brot
Band 19: Auf der Spur der Indianer
Band 22: Feuerwehren im Einsatz
Band 25: Die Sonne – Quelle unseres Lebens
Band 26: Wale – Die letzten Riesen der Meere
Band 27: Nach Westen! – Cowboys, Trapper, Pioniere
Band 28: Indien – Land voller Geheimnisse
Band 29: Wie lebten die Römer?